Tumblr posts planner

This book belongs to:

_____

TUMBLR POSTS *PLANNER*

POST

_____
_____
_____
_____
_____

POST NUMBER _____

POST DATE _____

NOTES _____
_____

POST

_____
_____
_____
_____
_____

POST NUMBER _____

POST DATE _____

NOTES _____
_____

POST

_____
_____
_____
_____
_____

POST NUMBER _____

POST DATE _____

NOTES _____
_____

TUMBLR POSTS *PLANNER*

POST

_____
_____
_____
_____
_____

POST NUMBER _____

POST DATE _____

NOTES _____
_____

POST

_____
_____
_____
_____
_____

POST NUMBER _____

POST DATE _____

NOTES _____
_____

POST

_____
_____
_____
_____
_____

POST NUMBER _____

POST DATE _____

NOTES _____
_____

TUMBLR POSTS *PLANNER*

POST

POST NUMBER _____

POST DATE _____

NOTES _____
_____

POST

POST NUMBER _____

POST DATE _____

NOTES _____
_____

POST

POST NUMBER _____

POST DATE _____

NOTES _____
_____

TUMBLR POSTS *PLANNER*

POST
_____
_____
_____
_____
_____

POST NUMBER _____

POST DATE _____

NOTES _____
_____

POST
_____
_____
_____
_____
_____

POST NUMBER _____

POST DATE _____

NOTES _____
_____

POST
_____
_____
_____
_____
_____

POST NUMBER _____

POST DATE _____

NOTES _____
_____

TUMBLR POSTS *PLANNER*

POST

POST NUMBER _____

POST DATE _____

NOTES _____
_____

POST

POST NUMBER _____

POST DATE _____

NOTES _____
_____

POST

POST NUMBER _____

POST DATE _____

NOTES _____
_____

TUMBLR POSTS *PLANNER*

POST

_____

_____

_____

_____

_____

POST NUMBER _____

POST DATE _____

NOTES _____

_____

POST

_____

_____

_____

_____

POST NUMBER _____

POST DATE _____

NOTES _____

_____

POST

_____

_____

_____

_____

POST NUMBER _____

POST DATE _____

NOTES _____

_____

TUMBLR POSTS *PLANNER*

POST

POST NUMBER _____

POST DATE _____

NOTES _____
_____

POST

POST NUMBER _____

POST DATE _____

NOTES _____
_____

POST

POST NUMBER _____

POST DATE _____

NOTES _____
_____

TUMBLR POSTS *PLANNER*

POST

POST NUMBER _____

POST DATE _____

NOTES _____
_____

POST

POST NUMBER _____

POST DATE _____

NOTES _____
_____

POST

POST NUMBER _____

POST DATE _____

NOTES _____
_____

TUMBLR POSTS *PLANNER*

(POST)

_____
_____
_____
_____

POST NUMBER _____

POST DATE _____

NOTES _____
_____

(POST)

_____
_____
_____
_____

POST NUMBER __ ___

POST DATE _____

NOTES _____
_____

(POST)

_____
_____
_____
_____

POST NUMBER _____

POST DATE _____

NOTES _____
_____

TUMBLR POSTS *PLANNER*

POST

POST NUMBER _____

POST DATE _____

NOTES _____
_____

POST

POST NUMBER _____

POST DATE _____

NOTES _____
_____

POST

POST NUMBER _____

POST DATE _____

NOTES _____
_____

TUMBLR POSTS *PLANNER*

POST

POST NUMBER _____

POST DATE _____

NOTES _____
_____

POST

POST NUMBER _____

POST DATE _____

NOTES _____
_____

POST

POST NUMBER _____

POST DATE _____

NOTES _____
_____

TUMBLR POSTS *PLANNER*

POST

_____
_____
_____
_____

POST NUMBER _____

POST DATE _____

NOTES _____
_____

POST

_____
_____
_____
_____

POST NUMBER _____

POST DATE _____

NOTES _____
_____

POST

_____
_____
_____
_____

POST NUMBER _____

POST DATE _____

NOTES _____
_____

TUMBLR POSTS *PLANNER*

POST
_____
_____
_____
_____

POST NUMBER _____

POST DATE _____

NOTES _____
_____

POST
_____
_____
_____
_____

POST NUMBER _____

POST DATE _____

NOTES _____
_____

POST
_____
_____
_____
_____

POST NUMBER _____

POST DATE _____

NOTES _____
_____

TUMBLR POSTS *PLANNER*

POST

POST NUMBER _____

POST DATE _____

NOTES _____
_____

POST

POST NUMBER _____

POST DATE _____

NOTES _____
_____

POST

POST NUMBER _____

POST DATE _____

NOTES _____
_____

TUMBLR POSTS *PLANNER*

POST

_____
_____
_____
_____
_____

POST NUMBER _____

POST DATE _____

NOTES _____
_____

POST

_____
_____
_____
_____
_____

POST NUMBER _____

POST DATE _____

NOTES _____
_____

POST

_____
_____
_____
_____
_____

POST NUMBER _____

POST DATE _____

NOTES _____
_____

TUMBLR POSTS *PLANNER*

(POST)

_____

POST NUMBER _____

POST DATE _____

NOTES _____

_____

(POST)

_____

POST NUMBER _____

POST DATE _____

NOTES _____

_____

(POST)

_____

POST NUMBER _____

POST DATE _____

NOTES _____

_____

TUMBLR POSTS *PLANNER*

POST

_____

_____

_____

_____

POST NUMBER _____

POST DATE _____

NOTES _____

_____

POST

_____

_____

_____

_____

POST NUMBER _____

POST DATE _____

NOTES _____

_____

POST

_____

_____

_____

_____

POST NUMBER _____

POST DATE _____

NOTES _____

_____

TUMBLR POSTS *PLANNER*

POST

POST NUMBER _____

POST DATE _____

NOTES _____
_____

POST

POST NUMBER _____

POST DATE _____

NOTES _____
_____

POST

POST NUMBER _____

POST DATE _____

NOTES _____
_____

TUMBLR POSTS *PLANNER*

POST

POST NUMBER _____

POST DATE _____

NOTES _____
_____

POST

POST NUMBER _____

POST DATE _____

NOTES _____
_____

POST

POST NUMBER _____

POST DATE _____

NOTES _____
_____

TUMBLR POSTS *PLANNER*

POST

_____
_____
_____
_____
_____

POST NUMBER _____

POST DATE _____

NOTES _____
_____

POST

_____
_____
_____
_____
_____

POST NUMBER _____

POST DATE _____

NOTES _____
_____

POST

_____
_____
_____
_____
_____

POST NUMBER _____

POST DATE _____

NOTES _____
_____

TUMBLR POSTS *PLANNER*

POST

POST NUMBER _____

POST DATE _____

NOTES _____
_____

POST

POST NUMBER _____

POST DATE _____

NOTES _____
_____

POST

POST NUMBER _____

POST DATE _____

NOTES _____
_____

TUMBLR POSTS *PLANNER*

POST

_____
_____
_____
_____
_____

POST NUMBER _____

POST DATE _____

NOTES _____
_____

POST

_____
_____
_____
_____
_____

POST NUMBER _____

POST DATE _____

NOTES _____
_____

POST

_____
_____
_____
_____
_____

POST NUMBER _____

POST DATE _____

NOTES _____
_____

TUMBLR POSTS *PLANNER*

(POST)

_____

POST NUMBER _____

POST DATE _____

NOTES _____
_____

(POST)

_____

POST NUMBER _____

POST DATE _____

NOTES _____
_____

(POST)

_____

POST NUMBER _____

POST DATE _____

NOTES _____
_____

TUMBLR POSTS *PLANNER*

POST

POST NUMBER _____

POST DATE _____

NOTES _____

POST

POST NUMBER _____

POST DATE _____

NOTES _____

POST

POST NUMBER _____

POST DATE _____

NOTES _____

TUMBLR POSTS *PLANNER*

POST

POST NUMBER _____

POST DATE _____

NOTES _____
_____

POST

POST NUMBER _____

POST DATE _____

NOTES _____
_____

POST

POST NUMBER _____

POST DATE _____

NOTES _____
_____

TUMBLR POSTS *PLANNER*

POST

POST NUMBER _____

POST DATE _____

NOTES _____
_____

POST

POST NUMBER _____

POST DATE _____

NOTES _____
_____

POST

POST NUMBER _____

POST DATE _____

NOTES _____
_____

TUMBLR POSTS *PLANNER*

POST

POST NUMBER _____

POST DATE _____

NOTES _____
_____

POST

POST NUMBER _____

POST DATE _____

NOTES _____
_____

POST

POST NUMBER _____

POST DATE _____

NOTES _____
_____

TUMBLR POSTS *PLANNER*

POST

_____

POST NUMBER _____

POST DATE _____

NOTES _____
_____

POST

_____

POST NUMBER _____

POST DATE _____

NOTES _____
_____

POST

_____

POST NUMBER _____

POST DATE _____

NOTES _____
_____

TUMBLR POSTS *PLANNER*

POST

POST NUMBER _____

POST DATE _____

NOTES _____

POST

POST NUMBER _____

POST DATE _____

NOTES _____

POST

POST NUMBER _____

POST DATE _____

NOTES _____

TUMBLR POSTS *PLANNER*

POST

_____

_____

_____

_____

| POST NUMBER _____ |
| POST DATE _____ |
| NOTES _____ |
_____

POST

_____

_____

_____

_____

| POST NUMBER _____ |
| POST DATE _____ |
| NOTES _____ |
_____

POST

_____

_____

_____

_____

| POST NUMBER _____ |
| POST DATE _____ |
| NOTES _____ |
_____

TUMBLR POSTS *PLANNER*

POST

_____
_____
_____
_____

POST NUMBER _____

POST DATE _____

NOTES _____
_____

POST

_____
_____
_____
_____

POST NUMBER _____

POST DATE _____

NOTES _____
_____

POST

_____
_____
_____
_____

POST NUMBER _____

POST DATE _____

NOTES _____
_____

TUMBLR POSTS *PLANNER*

POST

_____
_____
_____
_____
_____

POST NUMBER _____

POST DATE _____

NOTES _____
_____

POST

_____
_____
_____
_____
_____

POST NUMBER _____

POST DATE _____

NOTES _____
_____

POST

_____
_____
_____
_____
_____

POST NUMBER _____

POST DATE _____

NOTES _____
_____

TUMBLR POSTS *PLANNER*

POST

POST NUMBER _____

POST DATE _____

NOTES _____
_____

POST

POST NUMBER _____

POST DATE _____

NOTES _____
_____

POST

POST NUMBER _____

POST DATE _____

NOTES _____
_____

TUMBLR POSTS *PLANNER*

POST

_____
_____
_____
_____
_____

POST NUMBER _____

POST DATE _____

NOTES _____
_____

POST

_____
_____
_____
_____
_____

POST NUMBER _____

POST DATE _____

NOTES _____
_____

POST

_____
_____
_____
_____
_____

POST NUMBER _____

POST DATE _____

NOTES _____
_____

TUMBLR POSTS *PLANNER*

POST

_____
_____
_____
_____
_____

POST NUMBER _____

POST DATE _____

NOTES _____
_____

POST

_____
_____
_____
_____
_____

POST NUMBER _____

POST DATE _____

NOTES _____
_____

POST

_____
_____
_____
_____
_____

POST NUMBER _____

POST DATE _____

NOTES _____
_____

TUMBLR POSTS *PLANNER*

POST

POST NUMBER _____

POST DATE _____

NOTES _____
_____

POST

POST NUMBER _____

POST DATE _____

NOTES _____
_____

POST

POST NUMBER _____

POST DATE _____

NOTES _____
_____

TUMBLR POSTS *PLANNER*

POST

_____

_____

_____

_____

POST NUMBER _____

POST DATE _____

NOTES _____

_____

POST

_____

_____

_____

_____

POST NUMBER _____

POST DATE _____

NOTES _____

_____

POST

_____

_____

_____

_____

POST NUMBER _____

POST DATE _____

NOTES _____

_____

TUMBLR POSTS *PLANNER*

POST

POST NUMBER _____

POST DATE _____

NOTES _____
_____

POST

POST NUMBER _____

POST DATE _____

NOTES _____
_____

POST

POST NUMBER _____

POST DATE _____

NOTES _____
_____

TUMBLR POSTS *PLANNER*

POST

_____
_____
_____
_____

POST NUMBER _____

POST DATE _____

NOTES _____
_____

POST

_____
_____
_____
_____

POST NUMBER _____

POST DATE _____

NOTES _____
_____

POST

_____
_____
_____
_____

POST NUMBER _____

POST DATE _____

NOTES _____
_____

TUMBLR POSTS *PLANNER*

POST

_____
_____
_____

_____

POST NUMBER _____

POST DATE _____

NOTES _____
_____

POST

_____
_____

_____

_____

POST NUMBER _____

POST DATE _____

NOTES _____
_____

POST

_____
_____

_____

_____

POST NUMBER _____

POST DATE _____

NOTES _____
_____

TUMBLR POSTS *PLANNER*

(POST)

_____
_____
_____
_____
_____

POST NUMBER _____

POST DATE _____

NOTES _____
_____

(POST)

_____
_____
_____
_____
_____

POST NUMBER _____

POST DATE _____

NOTES _____
_____

(POST)

_____
_____
_____
_____
_____

POST NUMBER _____

POST DATE _____

NOTES _____
_____

TUMBLR POSTS *PLANNER*

POST

_____

_____

_____

_____

POST NUMBER _____

POST DATE _____

NOTES _____

_____

POST

_____

_____

_____

_____

POST NUMBER _____

POST DATE _____

NOTES _____

_____

POST

_____

_____

_____

_____

POST NUMBER _____

POST DATE _____

NOTES _____

_____

TUMBLR POSTS *PLANNER*

POST

_____
_____
_____
_____
_____

POST NUMBER _____

POST DATE _____

NOTES _____
_____

POST

_____
_____
_____
_____
_____

POST NUMBER _____

POST DATE _____

NOTES _____
_____

POST

_____
_____
_____
_____
_____

POST NUMBER _____

POST DATE _____

NOTES _____
_____

TUMBLR POSTS *PLANNER*

(POST)

_____
_____
_____
_____
_____

POST NUMBER _____

POST DATE _____

NOTES _____
_____

(POST)

_____
_____
_____
_____
_____

POST NUMBER _____

POST DATE _____

NOTES _____
_____

(POST)

_____
_____
_____
_____
_____

POST NUMBER _____

POST DATE _____

NOTES _____
_____

TUMBLR POSTS *PLANNER*

(POST)

POST NUMBER _____

POST DATE _____

NOTES _____
_____

(POST)

POST NUMBER _____

POST DATE _____

NOTES _____
_____

(POST)

POST NUMBER _____

POST DATE _____

NOTES _____
_____

TUMBLR POSTS *PLANNER*

POST

_____
_____
_____
_____
_____

POST NUMBER _____

POST DATE _____

NOTES _____
_____

POST

_____
_____
_____
_____
_____

POST NUMBER _____

POST DATE _____

NOTES _____
_____

POST

_____
_____
_____
_____
_____

POST NUMBER _____

POST DATE _____

NOTES _____
_____

TUMBLR POSTS *PLANNER*

POST

POST NUMBER _____

POST DATE _____

NOTES _____
_____

POST

POST NUMBER _____

POST DATE _____

NOTES _____
_____

POST

POST NUMBER _____

POST DATE _____

NOTES _____
_____

TUMBLR POSTS *PLANNER*

POST

_____

_____

_____

_____

POST NUMBER _____

POST DATE _____

NOTES _____

_____

POST

_____

_____

_____

_____

POST NUMBER _____

POST DATE _____

NOTES _____

_____

POST

_____

_____

_____

_____

POST NUMBER _____

POST DATE _____

NOTES _____

_____

TUMBLR POSTS *PLANNER*

POST

_____

_____

_____

_____

POST NUMBER _____

POST DATE _____

NOTES _____
_____

POST

_____

_____

_____

_____

POST NUMBER _____

POST DATE _____

NOTES _____
_____

POST

_____

_____

_____

_____

POST NUMBER _____

POST DATE _____

NOTES _____
_____

TUMBLR POSTS *PLANNER*

POST

POST NUMBER _____

POST DATE _____

NOTES _____

POST

POST NUMBER _____

POST DATE _____

NOTES _____

POST

POST NUMBER _____

POST DATE _____

NOTES _____

TUMBLR POSTS *PLANNER*

POST

POST NUMBER _____

POST DATE _____

NOTES _____
_____

POST

POST NUMBER _____

POST DATE _____

NOTES _____
_____

POST

POST NUMBER _____

POST DATE _____

NOTES _____
_____

TUMBLR POSTS *PLANNER*

POST

_____
_____
_____
_____
_____

POST NUMBER _____

POST DATE _____

NOTES _____
_____

POST

_____
_____
_____
_____
_____

POST NUMBER _____

POST DATE _____

NOTES _____
_____

POST

_____
_____
_____
_____

POST NUMBER _____

POST DATE _____

NOTES _____
_____

TUMBLR POSTS *PLANNER*

POST

_____
_____
_____
_____

POST NUMBER _____

POST DATE _____

NOTES _____
_____

POST

_____
_____
_____
_____

POST NUMBER _____

POST DATE _____

NOTES _____
_____

POST

_____
_____
_____
_____

POST NUMBER _____

POST DATE _____

NOTES _____
_____

TUMBLR POSTS *PLANNER*

POST

_____
_____
_____
_____
_____

POST NUMBER _____

POST DATE _____

NOTES _____
_____

POST

_____
_____
_____
_____
_____

POST NUMBER _____

POST DATE _____

NOTES _____
_____

POST

_____
_____
_____
_____
_____

POST NUMBER _____

POST DATE _____

NOTES _____
_____

TUMBLR POSTS *PLANNER*

POST

POST NUMBER _____

POST DATE _____

NOTES _____
_____

POST

POST NUMBER _____

POST DATE _____

NOTES _____
_____

POST

POST NUMBER _____

POST DATE _____

NOTES _____
_____

TUMBLR POSTS *PLANNER*

POST

POST NUMBER _____

POST DATE _____

NOTES _____

_____

POST

POST NUMBER _____

POST DATE _____

NOTES _____

_____

POST

POST NUMBER _____

POST DATE _____

NOTES _____

_____

TUMBLR POSTS *PLANNER*

(POST)

_____
_____
_____
_____
_____

POST NUMBER _____

POST DATE _____

NOTES _____
_____

(POST)

_____
_____
_____
_____
_____

POST NUMBER _____

POST DATE _____

NOTES _____
_____

(POST)

_____
_____
_____
_____
_____

POST NUMBER _____

POST DATE _____

NOTES _____
_____

TUMBLR POSTS *PLANNER*

POST

_____
_____
_____
_____

POST NUMBER _____

POST DATE _____

NOTES _____
_____

POST

_____
_____
_____
_____

POST NUMBER _____

POST DATE _____

NOTES _____
_____

POST

_____
_____
_____
_____

POST NUMBER _____

POST DATE _____

NOTES _____
_____

TUMBLR POSTS *PLANNER*

POST

POST NUMBER _____

POST DATE _____

NOTES _____
_____

POST

POST NUMBER _____

POST DATE _____

NOTES _____
_____

POST

POST NUMBER _____

POST DATE _____

NOTES _____
_____

TUMBLR POSTS *PLANNER*

POST

POST NUMBER _____

POST DATE _____

NOTES _____
_____

POST

POST NUMBER _____

POST DATE _____

NOTES _____
_____

POST

POST NUMBER _____

POST DATE _____

NOTES _____
_____

TUMBLR POSTS *PLANNER*

POST

POST NUMBER _____

POST DATE _____

NOTES _____
_____

POST

POST NUMBER _____

POST DATE _____

NOTES _____
_____

POST

POST NUMBER _____

POST DATE _____

NOTES _____
_____

TUMBLR POSTS *PLANNER*

POST

_____
_____
_____
_____

POST NUMBER _____

POST DATE _____

NOTES _____
_____

POST

_____
_____
_____
_____

POST NUMBER _____

POST DATE _____

NOTES _____
_____

POST

_____
_____
_____
_____

POST NUMBER _____

POST DATE _____

NOTES _____
_____

TUMBLR POSTS *PLANNER*

(POST)

_____
_____
_____
_____
_____

POST NUMBER _____

POST DATE _____

NOTES _____
_____

(POST)

_____
_____
_____
_____
_____

POST NUMBER _____

POST DATE _____

NOTES _____
_____

(POST)

_____
_____
_____
_____
_____

POST NUMBER _____

POST DATE _____

NOTES _____
_____

TUMBLR POSTS *PLANNER*

POST

POST NUMBER _____

POST DATE _____

NOTES _____
_____

POST

POST NUMBER _____

POST DATE _____

NOTES _____
_____

POST

POST NUMBER _____

POST DATE _____

NOTES _____
_____

TUMBLR POSTS *PLANNER*

POST

POST NUMBER _____

POST DATE _____

NOTES _____
_____

POST

POST NUMBER _____

POST DATE _____

NOTES _____
_____

POST

POST NUMBER _____

POST DATE _____

NOTES _____
_____

TUMBLR POSTS *PLANNER*

POST

POST NUMBER _____

POST DATE _____

NOTES _____
_____

POST

POST NUMBER _____

POST DATE _____

NOTES _____
_____

POST

POST NUMBER _____

POST DATE _____

NOTES _____
_____

TUMBLR POSTS *PLANNER*

POST

_____
_____
_____
_____
_____

POST NUMBER _____

POST DATE _____

NOTES _____
_____

POST

_____
_____
_____
_____
_____

POST NUMBER _____

POST DATE _____

NOTES _____
_____

POST

_____
_____
_____
_____
_____

POST NUMBER _____

POST DATE _____

NOTES _____
_____

TUMBLR POSTS *PLANNER*

POST

_____
_____
_____
_____

POST NUMBER _____

POST DATE _____

NOTES _____
_____

POST

_____
_____
_____
_____

POST NUMBER _____

POST DATE _____

NOTES _____
_____

POST

_____
_____
_____
_____

POST NUMBER _____

POST DATE _____

NOTES _____
_____

TUMBLR POSTS *PLANNER*

POST

POST NUMBER _____

POST DATE _____

NOTES _____
_____

POST

POST NUMBER _____

POST DATE _____

NOTES _____
_____

POST

POST NUMBER _____

POST DATE _____

NOTES _____
_____

TUMBLR POSTS *PLANNER*

POST

_____
_____
_____
_____

POST NUMBER _____

POST DATE _____

NOTES _____
_____

POST

_____
_____
_____
_____

POST NUMBER _____

POST DATE _____

NOTES _____
_____

POST

_____
_____
_____
_____

POST NUMBER _____

POST DATE _____

NOTES _____
_____

TUMBLR POSTS *PLANNER*

POST

POST NUMBER _____

POST DATE _____

NOTES _____
_____

POST

POST NUMBER _____

POST DATE _____

NOTES _____
_____

POST

POST NUMBER _____

POST DATE _____

NOTES _____
_____

TUMBLR POSTS *PLANNER*

POST

_____
_____
_____
_____
_____

POST NUMBER _____

POST DATE _____

NOTES _____
_____

POST

_____
_____
_____
_____
_____

POST NUMBER _____

POST DATE _____

NOTES _____
_____

POST

_____
_____
_____
_____
_____

POST NUMBER _____

POST DATE _____

NOTES _____
_____

TUMBLR POSTS *PLANNER*

POST

_____
_____
_____
_____
_____

POST NUMBER _____

POST DATE _____

NOTES _____
_____

POST

_____
_____
_____
_____
_____

POST NUMBER _____

POST DATE _____

NOTES _____
_____

POST

_____
_____
_____
_____
_____

POST NUMBER _____

POST DATE _____

NOTES _____
_____

TUMBLR POSTS *PLANNER*

POST

POST NUMBER _____

POST DATE _____

NOTES _____
_____

POST

POST NUMBER _____

POST DATE _____

NOTES _____
_____

POST

POST NUMBER _____

POST DATE _____

NOTES _____
_____

TUMBLR POSTS *PLANNER*

POST

POST NUMBER _____

POST DATE _____

NOTES _____

_____

POST

POST NUMBER _____

POST DATE _____

NOTES _____

_____

POST

POST NUMBER _____

POST DATE _____

NOTES _____

_____

TUMBLR POSTS *PLANNER*

(POST)

_____
_____
_____
_____

POST NUMBER _____

POST DATE _____

NOTES _____
_____

(POST)

_____
_____
_____
_____

POST NUMBER _____

POST DATE _____

NOTES _____
_____

(POST)

_____
_____
_____
_____

POST NUMBER _____

POST DATE _____

NOTES _____
_____

TUMBLR POSTS *PLANNER*

POST

_____
_____
_____
_____

POST NUMBER _____

POST DATE _____

NOTES _____
_____

POST

_____
_____
_____
_____

POST NUMBER _____

POST DATE _____

NOTES _____
_____

POST

_____
_____
_____
_____

POST NUMBER _____

POST DATE _____

NOTES _____
_____

TUMBLR POSTS *PLANNER*

POST

_____
_____
_____
_____
_____

POST NUMBER _____

POST DATE _____

NOTES _____
_____

POST

_____
_____
_____
_____
_____

POST NUMBER _____

POST DATE _____

NOTES _____
_____

POST

_____
_____
_____
_____
_____

POST NUMBER _____

POST DATE _____

NOTES _____
_____

TUMBLR POSTS *PLANNER*

POST

_____
_____
_____
_____
_____

POST NUMBER _____

POST DATE _____

NOTES _____
_____

POST

_____
_____
_____
_____
_____

POST NUMBER _____

POST DATE _____

NOTES _____
_____

POST

_____
_____
_____
_____
_____

POST NUMBER _____

POST DATE _____

NOTES _____
_____

TUMBLR POSTS *PLANNER*

POST

POST NUMBER _____

POST DATE _____

NOTES _____
_____

POST

POST NUMBER _____

POST DATE _____

NOTES _____
_____

POST

POST NUMBER _____

POST DATE _____

NOTES _____
_____

TUMBLR POSTS *PLANNER*

POST

POST NUMBER _____

POST DATE _____

NOTES _____
_____

POST

POST NUMBER _____

POST DATE _____

NOTES _____
_____

POST

POST NUMBER _____

POST DATE _____

NOTES _____
_____

TUMBLR POSTS *PLANNER*

POST

POST NUMBER _____

POST DATE _____

NOTES _____

POST

POST NUMBER _____

POST DATE _____

NOTES _____

POST

POST NUMBER _____

POST DATE _____

NOTES _____

TUMBLR POSTS *PLANNER*

POST

POST NUMBER _____

POST DATE _____

NOTES _____

POST

POST NUMBER _____

POST DATE _____

NOTES _____

POST

POST NUMBER _____

POST DATE _____

NOTES _____

TUMBLR POSTS *PLANNER*

POST

_____
_____
_____
_____

POST NUMBER _____

POST DATE _____

NOTES _____
_____

POST

_____
_____
_____
_____

POST NUMBER _____

POST DATE _____

NOTES _____
_____

POST

_____
_____
_____
_____

POST NUMBER _____

POST DATE _____

NOTES _____
_____

TUMBLR POSTS *PLANNER*

POST

_____

POST NUMBER _____

POST DATE _____

NOTES _____
_____

POST

_____

POST NUMBER _____

POST DATE _____

NOTES _____
_____

POST

_____

POST NUMBER _____

POST DATE _____

NOTES _____
_____

TUMBLR POSTS *PLANNER*

POST

_____
_____
_____
_____

POST NUMBER _____

POST DATE _____

NOTES _____
_____

POST

_____
_____
_____
_____

POST NUMBER _____

POST DATE _____

NOTES _____
_____

POST

_____
_____
_____
_____

POST NUMBER _____

POST DATE _____

NOTES _____
_____

TUMBLR POSTS *PLANNER*

POST

POST NUMBER _____

POST DATE _____

NOTES _____
_____

POST

POST NUMBER _____

POST DATE _____

NOTES _____
_____

POST

POST NUMBER _____

POST DATE _____

NOTES _____
_____

TUMBLR POSTS *PLANNER*

POST

_____
_____
_____
_____
_____

POST NUMBER _____

POST DATE _____

NOTES _____
_____

POST

_____
_____
_____
_____
_____

POST NUMBER _____

POST DATE _____

NOTES _____
_____

POST

_____
_____
_____
_____
_____

POST NUMBER _____

POST DATE _____

NOTES _____
_____

TUMBLR POSTS *PLANNER*

POST

_____
_____
_____
_____
_____

POST NUMBER _____

POST DATE _____

NOTES _____
_____

POST

_____
_____
_____
_____
_____

POST NUMBER _____

POST DATE _____

NOTES _____
_____

POST

_____
_____
_____
_____
_____

POST NUMBER _____

POST DATE _____

NOTES _____
_____

TUMBLR POSTS *PLANNER*

POST

POST NUMBER _____

POST DATE _____

NOTES _____

_____

POST

POST NUMBER _____

POST DATE _____

NOTES _____

_____

POST

POST NUMBER _____

POST DATE _____

NOTES _____

_____

TUMBLR POSTS *PLANNER*

POST

_____
_____
_____
_____
_____

POST NUMBER _____

POST DATE _____

NOTES _____
_____

POST

_____
_____
_____
_____
_____

POST NUMBER _____

POST DATE _____

NOTES _____
_____

POST

_____
_____
_____
_____
_____

POST NUMBER _____

POST DATE _____

NOTES _____
_____

TUMBLR POSTS *PLANNER*

(POST)

_____
_____
_____
_____
_____

POST NUMBER _____

POST DATE _____

NOTES _____
_____

(POST)

_____
_____
_____
_____
_____

POST NUMBER _____

POST DATE _____

NOTES _____
_____

(POST)

_____
_____
_____
_____
_____

POST NUMBER _____

POST DATE _____

NOTES _____
_____

TUMBLR POSTS *PLANNER*

(POST)

_____
_____
_____
_____

POST NUMBER _____

POST DATE _____

NOTES _____
_____

(POST)

_____
_____
_____
_____

POST NUMBER _____

POST DATE _____

NOTES _____
_____

(POST)

_____
_____
_____
_____

POST NUMBER _____

POST DATE _____

NOTES _____
_____

TUMBLR POSTS *PLANNER*

POST

POST NUMBER _____

POST DATE _____

NOTES _____
_____

POST

POST NUMBER _____

POST DATE _____

NOTES _____
_____

POST

POST NUMBER _____

POST DATE _____

NOTES _____
_____

TUMBLR POSTS *PLANNER*

POST

_____

_____

_____

_____

POST NUMBER _____

POST DATE _____

NOTES _____

_____

POST

_____

_____

_____

_____

POST NUMBER _____

POST DATE _____

NOTES _____

_____

POST

_____

_____

_____

_____

POST NUMBER _____

POST DATE _____

NOTES _____

_____

TUMBLR POSTS *PLANNER*

POST

POST NUMBER _____

POST DATE _____

NOTES _____
_____

POST

POST NUMBER _____

POST DATE _____

NOTES _____
_____

POST

POST NUMBER _____

POST DATE _____

NOTES _____
_____

TUMBLR POSTS *PLANNER*

POST
_____
_____
_____
_____
_____

POST NUMBER _____

POST DATE _____

NOTES _____
_____

POST
_____
_____
_____
_____
_____

POST NUMBER _____

POST DATE _____

NOTES _____
_____

POST
_____
_____
_____
_____
_____

POST NUMBER _____

POST DATE _____

NOTES _____
_____

TUMBLR POSTS *PLANNER*

POST

_____
_____
_____
_____

POST NUMBER _____

POST DATE _____

NOTES _____
_____

POST

_____
_____
_____
_____

POST NUMBER _____

POST DATE _____

NOTES _____
_____

POST

_____
_____
_____
_____

POST NUMBER _____

POST DATE _____

NOTES _____
_____

TUMBLR POSTS *PLANNER*

POST

POST NUMBER _____

POST DATE _____

NOTES _____

_____

POST

POST NUMBER _____

POST DATE _____

NOTES _____

_____

POST

POST NUMBER _____

POST DATE _____

NOTES _____

_____

TUMBLR POSTS *PLANNER*

POST

POST NUMBER _____

POST DATE _____

NOTES _____

POST

POST NUMBER _____

POST DATE _____

NOTES _____

POST

POST NUMBER _____

POST DATE _____

NOTES _____

TUMBLR POSTS *PLANNER*

POST

POST NUMBER _____

POST DATE _____

NOTES _____
_____

POST

POST NUMBER _____

POST DATE _____

NOTES _____
_____

POST

POST NUMBER _____

POST DATE _____

NOTES _____
_____

TUMBLR POSTS *PLANNER*

POST

POST NUMBER _____

POST DATE _____

NOTES _____
_____

POST

POST NUMBER _____

POST DATE _____

NOTES _____
_____

POST

POST NUMBER _____

POST DATE _____

NOTES _____
_____

TUMBLR POSTS *PLANNER*

POST

POST NUMBER _____

POST DATE _____

NOTES _____
_____

POST

POST NUMBER _____

POST DATE _____

NOTES _____
_____

POST

POST NUMBER _____

POST DATE _____

NOTES _____
_____

TUMBLR POSTS *PLANNER*

POST

_____
_____
_____
_____
_____

POST NUMBER _____

POST DATE _____

NOTES _____
_____

POST

_____
_____
_____
_____
_____

POST NUMBER _____

POST DATE _____

NOTES _____
_____

POST

_____
_____
_____
_____
_____

POST NUMBER _____

POST DATE _____

NOTES _____
_____

TUMBLR POSTS *PLANNER*

POST

POST NUMBER _____

POST DATE _____

NOTES _____

_____

POST

POST NUMBER _____

POST DATE _____

NOTES _____

_____

POST

POST NUMBER _____

POST DATE _____

NOTES _____

_____

TUMBLR POSTS *PLANNER*

POST

POST NUMBER _____

POST DATE _____

NOTES _____

_____

POST

POST NUMBER _____

POST DATE _____

NOTES _____

_____

POST

POST NUMBER _____

POST DATE _____

NOTES _____

_____

TUMBLR POSTS *PLANNER*

POST

_____
_____
_____
_____
_____

POST NUMBER _____

POST DATE _____

NOTES _____
_____

POST

_____
_____
_____
_____
_____

POST NUMBER _____

POST DATE _____

NOTES _____
_____

POST

_____
_____
_____
_____
_____

POST NUMBER _____

POST DATE _____

NOTES _____
_____

TUMBLR POSTS *PLANNER*

POST

POST NUMBER _____

POST DATE _____

NOTES _____

POST

POST NUMBER _____

POST DATE _____

NOTES _____

POST

POST NUMBER _____

POST DATE _____

NOTES _____

TUMBLR POSTS *PLANNER*

POST

_____

_____

_____

_____

POST NUMBER _____

POST DATE _____

NOTES _____

_____

POST

_____

_____

_____

_____

POST NUMBER _____

POST DATE _____

NOTES _____

_____

POST

_____

_____

_____

_____

POST NUMBER _____

POST DATE _____

NOTES _____

_____

TUMBLR POSTS *PLANNER*

POST

POST NUMBER _____

POST DATE _____

NOTES _____
_____

POST

POST NUMBER _____

POST DATE _____

NOTES _____
_____

POST

POST NUMBER _____

POST DATE _____

NOTES _____
_____

TUMBLR POSTS *PLANNER*

POST

POST NUMBER _____

POST DATE _____

NOTES _____
_____

POST

POST NUMBER _____

POST DATE _____

NOTES _____
_____

POST

POST NUMBER _____

POST DATE _____

NOTES _____
_____

TUMBLR POSTS *PLANNER*

POST

_____
_____
_____
_____
_____

POST NUMBER _____

POST DATE _____

NOTES _____
_____

POST

_____
_____
_____
_____
_____

POST NUMBER _____

POST DATE _____

NOTES _____
_____

POST

_____
_____
_____
_____
_____

POST NUMBER _____

POST DATE _____

NOTES _____
_____

TUMBLR POSTS *PLANNER*

POST

POST NUMBER _____

POST DATE _____

NOTES _____
_____

POST

POST NUMBER _____

POST DATE _____

NOTES _____
_____

POST

POST NUMBER _____

POST DATE _____

NOTES _____
_____

TUMBLR POSTS *PLANNER*

POST

_____
_____
_____
_____
_____

POST NUMBER _____

POST DATE _____

NOTES _____
_____

POST

_____
_____
_____
_____
_____

POST NUMBER _____

POST DATE _____

NOTES _____
_____

POST

_____
_____
_____
_____
_____

POST NUMBER _____

POST DATE _____

NOTES _____
_____

TUMBLR POSTS *PLANNER*

POST

POST NUMBER _____

POST DATE _____

NOTES _____
_____

POST

POST NUMBER _____

POST DATE _____

NOTES _____
_____

POST

POST NUMBER _____

POST DATE _____

NOTES _____
_____

TUMBLR POSTS *PLANNER*

POST

POST NUMBER _____

POST DATE _____

NOTES _____
_____

POST

POST NUMBER _____

POST DATE _____

NOTES _____
_____

POST

POST NUMBER _____

POST DATE _____

NOTES _____
_____

TUMBLR POSTS *PLANNER*

POST

_____
_____
_____
_____

POST NUMBER _____

POST DATE _____

NOTES _____
_____

POST

_____
_____
_____
_____

POST NUMBER _____

POST DATE _____

NOTES _____
_____

POST

_____
_____
_____
_____

POST NUMBER _____

POST DATE _____

NOTES _____
_____

TUMBLR POSTS *PLANNER*

POST

_____
_____
_____
_____

POST NUMBER _____

POST DATE _____

NOTES _____
_____

POST

_____
_____
_____
_____

POST NUMBER _____

POST DATE _____

NOTES _____
_____

POST

_____
_____
_____
_____

POST NUMBER _____

POST DATE _____

NOTES _____
_____

TUMBLR POSTS *PLANNER*

POST

POST NUMBER _____

POST DATE _____

NOTES _____
_____

POST

POST NUMBER _____

POST DATE _____

NOTES _____
_____

POST

POST NUMBER _____

POST DATE _____

NOTES _____
_____

CPSIA information can be obtained
at www.ICGtesting.com
Printed in the USA
BVHW051048150221
600147BV00011B/911